Questo libro è inserito nella collana Amazon sulle opere dell'autore, con il numero 3.

ore otto
sotto l'orologio

Foto e altre cose di Alfredo De Giuseppe

Per non sentire l'orribile fardello del tempo che vi rompe le spalle e vi piega verso terra, bisogna che vi ubriacate senza tregua. Ma di che? Di vino, di poesia, di virtù, a piacer vostro.

Baudelaire, Lo Spleen di Parigi

Promessa

Questa voleva essere una semplice raccolta di foto, prese al volo con tanti sfottò fra un giornale e un cappuccino nelle mattine del 2001. Le cose scritte sono incidenti di un grafomane. Però mi riservo il copyright di un romanzo su ognuno dei personaggi fotografati. L'unica pecca è quella di non aver chiesto il loro consenso scritto: porrò rimedio, qui lo prometto, nel caso dovessi superare il milione di copie vendute; in quel caso organizzerò una grande cena e dividerò tutti gli utili (dedotte le spese e un fondo pensione) fra tutti i fotografati.

Il tutto è a fin di bene: cercare di intuire l'incanto di una piazza che riesce ad essere interclassista e borghese, politica e vacua, sportiva e festaiola, pettegola e sbruffona. Quella piazza che ancora resiste, non so ancora quanto (e forse per questo, mi è venuta fretta di raccontarla).

Premessa

Da una seria ricerca socio-linguistica si è scoperto che l'aggettivo più usato a Tricase è "normale". Sul concetto di normalità potremmo scrivere a lungo: non giungeremmo, probabilmente, ad una conclusione accomodante. O forse si, basta accettare il tutto come banale, come consuetudine e l'atteggiamento più controverso, diventa normale.

Per questo ho eletto un posto come il crogiolo della normalità tricasina. Alle otto di ogni mattina un caffè veloce, veloce come si prende solo in certi paesi del Sud Italia. (In piedi, come necessità, senza tavolini, senza colazione. Anni fa i proprietari dei due bar del centro pensarono bene di mettere delle sedie e dei tavoli e si adeguarono a quella cosa chiamata servizio: gli incassi non aumentarono di una lira)... C'è un convento dei domenicani e un campanile, sul quale circa un secolo fa misero un bell'orologio, segno della meccanica che avanzava.

L'orologio funziona ad intermittenza, anni si e anni no. Di fronte c'è un'unica torre, annessa al castello dei Gallone. Il torrione è oggi sede della Pro-Loco e il castello del Municipio. Alle otto, dicevo, caffè e giornale, commenti su tutto, grida e cattiverie, notizie sempre fresche. L'incontro è sotto l'orologio: deve essere sembrato, nell'ultimo secolo, un buon sistema per darsi un appuntamento, neutro e preciso, maschilista. Senza donne, impegno e ostentazione.

Il giornalaio

La prima foto spetta di diritto a Gigi De Francesco e al suo collaboratore Amadeo, carabiniere in pensione. Gigi ha ereditato l'edicola dal padre, il mitico Vituccio De Francesco. Se "sotto l'orologio" esiste è anche per merito suo. Un'edicola che più piccola non si può, ricavata in un buco del convento, largo non più di un metro per due. L'edicola per eccellenza, l'edicola pura, dove non si vende neanche una matita, solo giornali e allegati (appesi dove capita e spesso nascosti sotto le macerie). Gigi ha, ogni mattina, la classica attenzione dell'edicolante sotto casa, da commedia all'italiana anni sessanta, commenti bonari e saluti cordialissimi. Ben alzato, Gigi.

La bella quotidianità

Da qualche anno ho recuperato una mia quotidianità. A fatica e in modo parziale. Per anni, invece, l'ho guardata con disprezzo. La bella quotidianità: le cose ripetute quasi meccanicamente, ma con sott'inteso piacere.

Fra il 1976 e il 1980, in quel periodo che va dal diploma al militare, mi ero creato una bella quotidianità: caffè alle otto con due amici, comprare Repubblica (appena nata), Corriere della Sera e Corriere dello Sport, leggere sempre per primi i titoli dello sport. Girare per il paese due ore con il giornale sotto braccio, fermandosi a delle tappe fisse parlando di tutto (e di niente, direbbe De Gregori) e poi sosta dal barbiere Antonio a farsi la barba e a volte anche lo shampoo. Pranzo alle tredici e, a giorni alterni, calcio e radio privata. La sera appuntamento in piazza per commentare la giornata, poi "pizza e birra" da Gino o due pezzetti di cavallo al sugo piccante da "Zio Donato". Dopo cena scorribanda al porto con giochi, passeggiate sul molo (anche se il mare era forza sette) e discussioni politiche. A pensarci bene non facevamo niente di importante, se non ripetere le stesse cose, parlare con le stesse persone. Solo in questi ultimi tempi mi sono chiesto se il segreto di quello stato di costante benessere fosse tutto nella spensierata giovinezza o invece non fosse connaturato nel tipo di vita che avevamo scelto.

Da allora ho sempre pensato che per fare il regista, il pittore o lo scrittore, si dovesse avere una quotidianità come la mia. La bella quotidianità, quella che oggi osservo negli inconsapevoli personaggi delle otto, sotto l'orologio. Gente che ogni mattina si sveglia con l'unico obiettivo di andare nello stesso posto in cui ci va da decenni, va ad incontrare le stesse persone, con le quali non è legato da un vincolo di amicizia: al massimo ci si può offrire un caffè e commentare in piedi i fatti del giorno. Se un avvenimento è davvero importante o divertente va di voce in voce, e, senza che si sappia chi l'abbia detto, è già a conoscenza di tutti. Comincia così il giorno per chi si è costruito, per necessità o virtù, un mondo preciso, scandito da orari e persone, arricchito dalle novità che difficilmente riescono a scalfirlo.

Dicevo che fino a poco fa avevo una certa idea di questi uomini: li vedevo pettegoli, tirchi e sedentari, piccoli uomini pronti a giudicare in nome di una normalità tutta pregiudizievole. Poi ho cominciato a comparare la loro vita con quella di un imprenditore di successo (o di insuccesso) e il paragone non reggeva: per qualche vestito in più o per una macchina ultimo modello non c'è la libertà di una giornata piacevole, neanche quando prendi l'aereo per i Caraibi. Anzi più prendi aerei per i Caraibi e più ti allontani dal segreto della bella quotidianità: quando torni abbronzato e stanco, nessuno ti farà il riassunto dei giorni in cui sei mancato; e così ti sei perso tutti i particolari secondari che, raccontati giorno dopo giorno, diventano una storia interessante, l'unica che davvero ti puoi cucire addosso. Poi scegli la storia che più ti appartiene: i meandri della politica amministrativa, le controversie su ogni delibera, oppure puoi seguire le vicende personali dei tuoi compaesani, della chiesa o dello sport. C'è anche chi riesce a seguirle tutte insieme (e lì siamo quasi all'università della quotidianità dell'eclettismo).

Ho misurato la loro vita con quella dell'eterno giovane che gira il mondo, conosce da vicino tutte le cose che accadono, usa internet e tutta la tecnologia. Non la cambierei con la calma, la serenità non riflessiva con la quale gli uomini di sotto l'orologio vanno incontro alla morte.

Estate e inverno

C'è un sotto l'orologio invernale ed uno estivo. D'estate c'è meno attenzione al passante, si è un po' più aperti. Arriva l'amico che vive da trent'anni a Milano e lo sforzo comune è quello di dimostrare una certa evoluzione. Mentre l'amico cerca esattamente le cose di trent'anni prima, il popolo di sotto l'orologio dimostra la sua informazione, il suo saper stare in questo mondo. Succede così che l'amico di Milano non sia soddisfatto del livello di chiacchiericcio raggiunto ed insiste per tutto il periodo delle sue ferie per avvicinarsi a quell'ideale di vita fatta di parole, battute e controbattute su qualcuno che si conosce o che si saluta per caso. Insiste per conoscere, per integrarsi ogni giorno di più, per annullare quella distanza invernale che dura da trent'anni. Ma anche non volendo, gli altri danno il meglio: discutono di grandi progetti, di politica, di turismo. Il vedere un po' di facce nuove li stimola a pensare in termini positivi e se in quel momento passa la moglie dell'impiegato di banca, vestita alla moda, non viene notata o comunque in misura marginale, direi fisiologica. Se una turista entra a comprare il giornale con il solo costume da bagno non si supera il livello di occhiate (del tipo "visto cosa dobbiamo sopportare in silenzio?"). Il turismo sostanzialmente distrugge la vera anima di sotto l'orologio. Lo fa diventare un posto quasi vitale, con gente che si saluta, si dà appuntamento per la sera e cerca le manifestazioni della giornata. Tutte cose che l'uomo di sotto l'orologio non ama fare. Ma in quel periodo si adegua, finge di partecipare a questo breve risveglio estivo, mantiene le postazioni.

Con settembre si rientra nei ranghi. Quella breve sbornia è passata: si ricomincia. La piazza è meno affollata, meno cappuccini al bar e più caffè veloci, meno giornali. La temperatura d'inverno a Tricase è alquanto disdicevole: è posta su una penisola che sembra una portaerei in mezzo al mare, con la salsedine che trasuda dai muri, il vento costante e una sensazione di freddo che non passa mai. Le case, anche quelle nuove, sono costruite come se dovesse sempre far caldo ed invece ci sono quattro o cinque lunghi mesi di freddo vero. Ma, non so perché, il punto più freddo rimane sotto l'orologio. E' un crocevia di venti e il sole non ci arriva mai, rimanere fermi, impassibili è dimostrazione di vero attaccamento alla causa. Questa intima sofferenza provoca un tipo di cattiveria che si riverbera prima sulle assurde condizioni meteo e poi, piano piano, su tutto ciò che riguarda il mondo circostante, dal sindaco fino al bidone della spazzatura.

E' lo scirocco, insomma, il vero nemico dell'umanità tricasina.

Chi paga

Fare colazione nel bar, a volte può diventare un problema di cortesia e di scortesia. Succede infatti che entrare in un dato momento piuttosto che in un altro significhi spendere un po' di soldi o bere gratis. In genere chi è davanti al bancone pronto a pagare, paga anche il caffè di chi è appena entrato, fosse anche un semplice conoscente. Per pura cortesia. Ma ciò non toglie che mi sia capitato di assistere a scene di questo tipo:

- Buongiorno Franco, che cosa prendi? - chiede il gentile pagatore.

- Prendo un espressino e un pasticciotto alla
la

crema, grazie. Però, ti prego, non ti disturbare, faccio da solo.

- No, ma che dici! Stai fermo, oggi tocca a me.

- Va bene , grazie, a buon rendere.

- Va bene Mario, - dice il gentil pagatore al

barista - pagati però solo il caffè. Poi il resto se lo paga da solo.

Al che Mario, ad alta voce:

- Il caffè è offerto dal professore.

Il professore esce, Franco paga la differenza. Poi esce, mi guarda perplesso e mi fa tutta una tirata sulla colazione:

- Sai, ogni volta, non so come comportarmi. Se rifiuto di farmi offrire il caffè, qualcuno si offende. Se prendo caffè e dolcetto sembro un cafone. Se prendo solo il caffè, mi fa male lo stomaco: devo aspettare che esca dal bar, per poi prendermi il mio buon pasticciotto alla crema calda. Ma in questo modo non mi gusto il caldo tepore di latte e caffè. Per favore, dimmi qual è secondo te il modo giusto.

- È una questione di equilibri. Cercali di vol-

ta in volta. Lavora di fino su chi ti sta offrendo il caffè. Oppure paga sempre tu.
Siamo o non siamo nella metafora della vita?

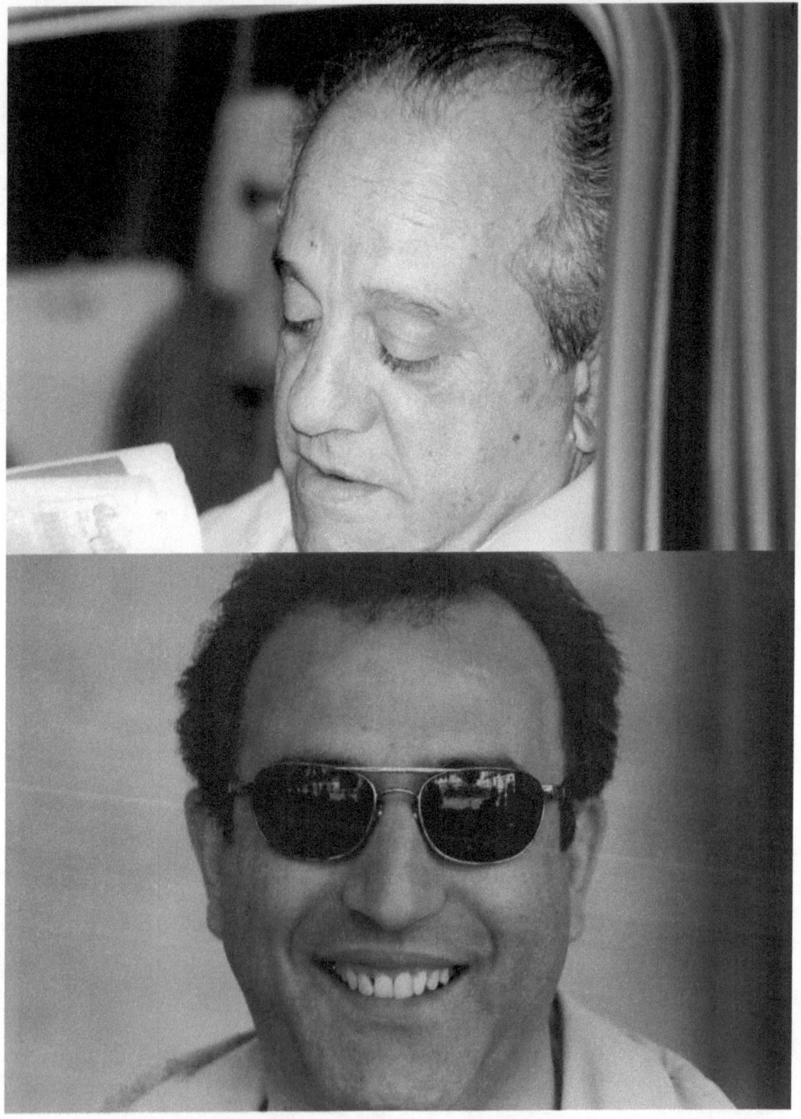

Ore otto sotto l'orologio

Il caffè delle donne

Il caffè delle otto, sotto l'orologio, è maschile. Uno studio di Tricase dovrebbe partire da questo dato: le donne non prendono il caffè in piedi come gli uomini (sembra quasi naturale, come non fanno la pipì in piedi). Ci sono altri posti dove le donne prendono il caffè, sedute a chiacchierare o ad aspettare ragazzi, penso ai tanti pub e pizzerie. Ma la mattina no, lì, a quell'ora, le donne hanno ancora pudore ad assimilarsi agli uomini, nessuno direbbe niente di strano, ma è come varcare la casa altrui. Penso per esempio agli impiegati comunali: vedo sempre gruppi maschili, forse le donne sono semplicemente più discrete nel decidere posto e momento del caffè. Una cosa è certa: non si è mai visto un capannello di donne, sotto l'orologio, a parlare di politica o ad incazzarsi per l'Inter. Questa che doveva essere una riflessione sociologica è invece una semplice constatazione: il caffè, alle otto, lo si prende fra uomini.

TRICASE PORTO
MARINA SERRA
ospedale

L'accompagnamento

E poi all'improvviso arrivò l'avvocato di Lecce. Cercò il nome De Sciurtis sulle sporche etichette dei videocitofoni. Lui era al bar del Popolo, di fronte. Si incontrarono quasi per magnetismo. L'avvocato gli consegnò un faldone di carte con dentro tutta la pratica di richiesta di pensione di accompagnamento che riguardava sua madre. Era la prima grande vittoria da quando era ritornato dalla Svizzera: un avvocato andava da lui.

- Senta, signor De Sciurtis, questa è la pratica di sua madre: l'INPS finalmente si è mossa, ma tutta la documentazione va presentata al prefetto di Lecce entro lunedì alle ore 12 e mancano alcuni documenti che deve rilasciare il Comune. Si preoccupi lei e poi ci vediamo davanti alla Prefettura, lunedì alle 11.

- Va bene signor avvocato, ci penso io. Però mi lasci almeno il suo numero di telefono, perché mia

madre è ammalata davvero e io devo stare spesso con lei e proprio lunedì avevo appuntamento con il dentista per mia moglie che, poverina, oltre a sopportare me e mia madre, soffre in silenzio con i suoi dolori.

- Questo è il mio numero, cerchi solo di affrettarsi, perché sua madre ha diritto alla pensione da ormai tredici anni.

La notizia lo sconvolse, ma l'aspettava. Quanti progetti con quegli arretrati: cambiare l'auto, pagare tutti i debiti con i bar, comprare una scopa elettrica e un forno a microonde, due giubbotti nuovi, pagare in anticipo la rata condominiale e una gran bevuta di anisetta offrendo a tutti gli amici.

Solo quando l'avvocato era già in auto si rese conto che fosse sabato: uffici comunali chiusi e quell'avvocato leccese gli aveva lasciato tutto, senza spiegargli un bel niente. Ma aveva le stesse sensazioni di quella volta che fece tredici: aveva in mano la schedina e nessuno gliela avrebbe strappata. Anche se poi seppe che era un tredici da duecentomila lire.

Andò subito dal suo avvocato, suo nel senso che era un suo condomino (quell'investimento su un appartamento di lusso cominciava a dare i suoi frutti). L'avvocato lesse con attenzione e sentenziò:

- Mio caro Luigi, ci sono delle autocertificazioni da far firmare a tua madre, tutto qui. Il resto non ti interessa, sono referti di varie visite mediche dal 1987 ad oggi.

- Che cosa sono queste autocertificazioni?

- Sono delle dichiarazioni che tua madre deve firmare vicino ad un funzionario del Comune, in cui dichiara varie cose.

- Cose difficili?

- Ma no, stupidate: deve dichiarare che non percepisce pensioni di guerra e che non riesce a camminare autonomamente.

- Ma è chiaro, avvocato, che non riesce. Io vivo con lei apposta, e poi tutti lo sanno che è invalida al cento per cento, e poi si sta ammalando pure mia moglie a furia di stare appresso a mia madre con le sue richieste continue, giorno e notte. E adesso come faccio a farla firmare davanti ad un impiegato se non riesce a muoversi?

- Luigi, vedi tu: vai al Comune parla con qualcuno, assessore, sindaco e trova una soluzione.

Era un bel sabato e vicino al bar del Comune c'era molta gente. Luigi De Sciurtis, forte delle informazioni ricevute dal suo avvocato, delle sue certezze e del fatto che avesse un diritto certo da almeno tredici anni, si catapultò come un fulmine, parlò con tutti, a quelli che riteneva più intelligenti mostrò le carte e ripeteva:

- Vedi, è da tredici anni che mia madre doveva prendere la pensione d'accompagnamento: se questo porco Stato, dove tutti rubano, gliela dava subito io non tornavo dalla Svizzera e stavo ancora lì rispettato da tutti, mentre sono qui perché ad un certo punto mi hanno detto vieni che tua madre non sta bene ed io son venuto subito e ho lasciato tutto e in definitiva lì gestivo mille persone che lavoravano sotto di me e io avevo voglia pure di tornare al paese mio perché mia moglie è di qua e mi aspettava e voleva che tornassi, che io e mia moglie ci vogliamo bene davvero e se per caso la faccio arrabbiare quando bevo un goccio in più, il giorno dopo cerco di farla contenta in qualsiasi modo e magari non bevo per una settimana e que-sto è un bel regalo che gli faccio, il più bel regalo che lei vuole da me, ma ora se prendiamo questi quattro soldi di arretrati so io come vivere più tranquillo e poi nessuno mi deve dire che io non pago.

Arrivò finalmente un impiegato dell'anagrafe, uno di quelli che deve fare i certificati di morte, anche di sabato. Luigi De Sciurtis si precipitò su di lui con la foga di un terzinaccio che non vede la palla. Ma fu bravo: convinse l'impiegato dell'anagrafe a chiamare il funzionario addetto alle autocertificazioni, a scovare il sindaco che stava prendendo l'aperitivo di mezzogiorno, raccolse la firma della madre senza farla muovere da casa. Quella mattina, tutta la burocrazia lavorò per lui e la pensione della mamma.

All'ora di pranzo mi aspettava già vicino al cancello di casa.

- Guardami, per favore, queste carte e dimmi se è tutto a posto.

- Ma non le hai fatte vedere al tuo avvocato?

- Sì ma voglio che le guardi anche tu.

Sapevo di essere la decima persona a vedere quelle quattro firme, avevo fame e fui molto superficiale nel mio controllo.

- Va tutto bene, Luigi.

- Allora lunedì posso andare alla prefettura e consegnare tutto?

- Certamente.

- Perché, vedi, questa è la dimostrazione che non sono un fesso e che le cose le so fare e le persone mi vogliono bene perché io non faccio male a nessuno e anzi sono sempre disponibile e quando viene un forestiero il primo che dà una mano sono sempre io, come adesso il dottor Sarno che si deve trasferire e io ho telefonato alla ditta di spedizioni e ho chiesto di fargli uno sconto e poi sono sempre così con tutti anche quando sono nervoso come è successo l'altro giorno alla biblioteca comunale (c'era un dibattito su una cosa che non ho capito ma forse riguardava il turismo) che ero andato a sentire l'assessore per il problema dell'umidità della cantina che dipende dalla strada comunale che ha qualche buco e lui appena mi ha visto ha detto ad alta voce ecco un altro che vuole lo sconto sull'ICI, mentre io stavo lì per un problema serio che nessuno vuole risolvere, nemmeno l'amministratore del condominio e comunque sono stato tanti anni in Svizzera e lì cose come queste non succedono e quando protestavo per qualcosa si davano da fare e due volte sono uscito pure sul giornale, come italiano bravo che ero a conoscenza della lingua e di tante cose che erano degli svizzeri e però non mi devono fare incazzare perché se mi fanno incazzare come l'assessore prima o poi a qualcuno gli tiro un pugno che se lo ricorda, perché non sono un fesso ed io le cose le so fare davvero e solo che qui nessuno mi vuole far lavorare e non so perché.

- Luigi, adesso dovrei mangiare.

Dopo sei mesi arrivò dall'INPS una lettera raccomandata indirizzata alla madre, non l'aprì, andò dal suo avvocato che non c'era, ritornò tre volte finché non lo incontrò sulle scale di casa:

- Qui c'è scritto: gentile signore, non possiamo trasmettere la richiesta di cui all'oggetto per errata/omessa presentazione e specificatamente per un'omissione di datazione sulle autocertificazioni da lei presentate. Luigi, non ti preoccupare, rice-

verai tutto di nuovo e basta rifare gli stessi documenti.

Ora Luigi, nel bar del Popolo, racconta della lettera e dell'errore, è un po' arrabbiato, sua madre sta diventando vecchia davvero. Ci vuole un mezzo amaro.

2001, le nuove elezioni di Rocco Episcopio

L'animale politico si risvegliò all'improvviso in Rocco Episcopio, l'infermiere professionale. Eravamo alla vigilia delle Amministrative di maggio 2001.

Dopo quella illuminante delusione del '93 aveva rifiutato qualsiasi approccio politico. Aveva vissuto gli ultimi otto anni della sua vita da guerriero risentito, da sconfitto incompreso, da scettico cosmico. Sua moglie Addolorata l'aveva assecondato nel suo silenzioso tormento, accudendolo nelle manifestazioni più depresse. Non era stato eletto per la malvagità di parenti, amici e colleghi: ciò era emerso dal lungo sezionamento dei suoi sei voti. Si volevano bene, Rocco e Addolorata: la politica era un fatto di uomini e lei lo sapeva e conteneva ogni commento che disturbasse il pensiero del marito. Così erano trascorsi gli anni, senza scossoni, una vita normale, il pranzo di Natale, le ferie d'agosto,

novantesimo minuto e il caffè con i colleghi (ognuno con il proprio gettone). Del resto a cosa appas-
sionarsi?

Era una splendida mattina di marzo. Rocco
Episcopio, con fare rilassato, era fermo vicino al
tabaccaio, il suo umore era piatto, come suggeriva
il tempo e i due giorni di permesso (voi non potete
capire cosa significhi per un infermiere professionale avere due giorni di riposo).

Si fermò il suo amico Emidio, noto dipendente
dell'Università. Le modalità di parcheggio dell'auto
di Emidio, il gesticolare che voleva significare
"meno male che ti ho trovato", lasciavano presagire qualcosa di strano. Emidio scese raggiante:

- Ti devo parlare - esordì.

- Cosa è successo? - chiese Rocco, fra il finto
preoccupato e il sorpreso.

- Niente. Dobbiamo parlare di politica, perché
sai, fra poco ci saranno le elezioni e io farò parte
della lista "Civilizzazione democratica e libertà.

- *E io che c'entro? - domandò senza ironia Rocco pensando che Emidio gli stesse già chiedendo il voto.*

- *Ieri sera in una riunione tenuta con il nostro capolista, il dottor Priscindaro, è venuto fuori il tuo nome per una candidatura, tutti hanno detto che sei un elemento valido e onesto, una persona per bene. Tutti erano d'accordo che stamattina dovessi cercarti per informarti e della nostra lista: ti vogliamo con noi.*

- *Caro Emidio, sono fuori da questi discorsi, lasciami fuori. E poi non conosco niente di questa lista: lasciamo perdere che è meglio.*

Si avvicinò in quel momento Saverio e i due volutamente lasciarono cadere un così riservato colloquio per iniziare un'animata discussione sulla campagna acquisti dell'Inter.

Il giorno seguente Emidio, incontrando il capolista, dottor Priscindaro, disse che tutto era andato secondo le sue previsioni, che l'infermiere pro-

fessionale Rocco Episcopio era stato contattato e che aveva bisogno di una breve riflessione, ma al novanta per cento era fatta. Così van le cose prima delle elezioni. E a volte il caso gioca anche sui destini dei candidati: il dottore andava a prendere un caffè e vide Rocco Episcopio. Si fermò. Rocco cominciava a sentirsi corteggiato.

- Ciao Rocco, ho sentito Emidio e mi ha detto che sei dei nostri.

- Mah, veramente...

- Si lo so, hai bisogno di una riflessione. Non c'è problema, prenditi il tempo che vuoi, ma sappi che sei dei nostri e poi questo è il momento che possiamo davvero vincere. Hai visto con questi comunisti che casino abbiamo combinato in questi ultimi anni? Sei contento di come vanno le cose? Adesso scusa, devo andare da mia moglie. Fra due giorni abbiamo una riunione nella sede del comitato elettorale, in via san Demetrio. Ti aspetto. Ciao.

- Ciao.

Rocco Episcopio andò a pescare quel pomeriggio. Canna ed esca viva, occupò la sua posizione preferita al Canale del Rio, dove i pesci mangiavano bene. Rifletté sulla proposta della lista "Civilizzazione democratica e libertà" e la cosa lo solleticava nell'antico orgoglio. In fondo cosa gli costava accettare? La delusione per la vecchia sconfitta era ormai dimenticata da tutti e nessuno gliela avrebbe mai pubblicamente ricordata. Era un buon sistema per ricominciare ad avere un po' di fiducia in sé stessi. In definitiva il suo nome era stato ricercato, non si era proposto da solo, non era un riempitivo dell'ultima ora. Era ormai convinto: sarebbe andato alla riunione a vedere e sentire, si sarebbe riservato di decidere ma in cuor suo sapeva che avrebbe accettato di essere candidato ancor prima di conoscere qualcosa di questa "Civilizzazione democratica e libertà".

Alla riunione c'erano dodici persone, tutti i

contattati, tutti probabili candidati. Il dottor Priscindaro fu molto accomodante e sicuro, relazionò sui programmi della lista, il cui dichiarato obiettivo era quello di vincere le elezioni, schierandosi con il centro-destra, trattare con gli alleati da una posizione di forza, ottenere almeno due assessorati, una presidenza di commissione e qualche carica esterna ai consiglieri. A Rocco Episcopio non sembrò un gran programma elettorale e mentre stava per porre qualche domanda sulle idee che sorreggevano la lista, intervenne l'amico Emidio che disse:

- Ragazzi, mettiamoci al lavoro, le elezioni non si vincono coi programmi e con le idee, ma lavorando, lavorando, lavorando.

- Lavorando come? - chiese Rocco Episcopio un po' confuso.

- Rocco, andando in ogni casa, ogni giorno, non stancarsi mai di chiedere il voto: questo è il vero lavoro!

Non voleva dirlo, ma lui nell'esperienza del '93 ci aveva provato, aveva chiesto il voto a tutti, aveva litigato infine con i suoi, perché neanche i suoi parenti più stretti l'avevano votato.

Il dottor Priscindaro era lì, sembrava attento a leggere nei pensieri più reconditi di Rocco e subito intervenne:

- Adesso non siamo più nel '93: in quell'anno c'era ancora un residuo di politichese, arresti facili che condizionavano l'elettore, i giudici che sbattevano dentro i politici. Adesso tutto è cambiato il vento politico è dalla nostra parte: la destra tornerà al potere e finalmente questo mondo comunista potrà essere liberato. Chi ha perso nel '93 ha l'occasione di rifarsi, di dimostrare che non è lo zimbello del paese. Le frasi ad effetto lasciamole agli altri: noi facciamoci un serio elenco dei possibili elettori.

Le parole del capolista colpirono e tutti i presenti uscirono dalla stanza (poco illuminata, affit-

tata da due giorni, con sei sedie di plastica), convinti della bontà dell'operazione politica. Dovevano
solo verificare la consistenza elettorale dei personaggi impegnati nella lista "Civilizzazione democratica e libertà". Qualcuno dei presenti osservò
che lui stesso, quattro anni prima, aveva fatto un
comizio tuonando contro i corrotti e le operazioni
di salvataggio giudiziario attraverso le elezioni ed
ora sarebbe stato loro alleato. Ma a tutti sembrò
poca cosa: chi poteva ricordare le sue parole,
quanti l'avevano votato per quella sua presa di posizione, non aveva forse perso in quella occasione?
Era una squadra di perdenti nei pressi della vittoria.

Tornò a casa che Addolorata si era addormen-
tata con il televisore acceso. Lui non la svegliò subito, cambiò canale e c'era Bruno Vespa che inter-
vistava Berlusconi che ripeteva le stesse parole del
dottor Priscindaro. Bisognava vincere per liberare
l'Italia dai comunisti, per avere più soldi, più pen-

sioni, meno tasse e meno burocrazia, essere finalmente felici.

Addolorata apprese la decisione del marito al risveglio mattutino e dopo aver ascoltato le sue parole, si limitò a dire:

- Non ti dimenticare dell'altra volta.

Rocco Episcopio capì che doveva lottare da solo: il sogno di entrare in consiglio Comunale era una cosa da non condividere con nessuno. Solo così poteva essere una vittoria completa, il riscatto totale.

Andò a firmare l'accettazione della sua candidatura. Da quel momento, ogni mattina, alle otto, quando non lavorava, era in piazza ad ascoltare, capire, intuire i movimenti di idee, persone, partiti.

Ogni giorno ascoltava di nuove liste civiche, di nuove aggregazioni, di nuovi candidati, di nuovi futuri sindaco.

Un giorno, in aprile, gli venne qualche dubbio:

- Senti, Emidio, ma che pensi di tutte queste liste, quanti candidati saremo? Non si rischia di essere troppi e pescare solo i voti dei più vicini?

- Ma no, che dici! Qui passeranno solo le proposte forti che, come la nostra, sono partite con anticipo e che sono conosciute dall'elettorato. E poi il nostro capo è in Tv tutte le sere e anche se non parla di noi, indirettamente lavora per noi. Chi vuoi che voti quei quattro improvvisati dell'ultima ora?

- Si, ma se con tutto questo dovessimo anche perdere, facciamo una figura che ci dobbiamo nascondere per tutta la vita. Ho dei dubbi, non vorrei che fosse meglio stare alla finestra e aspettare qualcosa di meglio.

- Animo, Rocco. Devi solo buttarti nella mischia e tentare di vincere con tutte le tue forze, positive e negative, senza misericordia. Vincere, e noi vinceremo.

Ridendo andarono a bere una birra e Rocco

non ebbe più dubbi: ormai era dentro il gioco e avrebbe tentato fino allo spasimo. Questo è il gioco. E poi da quando aveva deciso di candidarsi si sentiva vivo, al centro dell'attenzione e questo era meglio della sensazione di sconfitto eroico che aveva covato negli ultimi otto anni.

Il 13 aprile furono presentate le liste per le elezioni amministrative di maggio 2001. Con grande sorpresa generale si presentarono pronti alla competizione 234 candidati, forse 233 perché uno era stato scartato all'ultimo momento. Rocco Episcopio cadde in stato di tensione emotiva: rischiava un nuovo tracollo elettorale. Dodicimila elettori per 233 candidati erano troppo pochi, una media di 50 elettori per candidato: questo era il calcolo che lo arrovellava. La base era semplice, cercare 50 elettori e poi su quelli costruire la vittoria. Ma lui sapeva bene cosa significasse convincere 50 persone ad avere fiducia in lui. Non era tranquillo, questa battaglia da condividere con altri 232 gli sembrava disumana, fuori dalla portata del suo impegno. Lui continuava a fare l'infermiere professionale e non aveva parlato con i suoi colleghi di questa nuova avventura. Il parlarne fra colleghi, l'aveva capito, non gli portava voti ma scherzi e sfottò. Continuava a parlarne poco anche in famiglia ed esorcizzava le elezioni dandosi un tono da estraneo: commentava le politiche nazionali e gli sembrava di essere dalla parte giusta per vincere. All'interno di "Civilizzazione democratica e libertà" si discuteva sulle strade da suddividere fra i vari candidati. (Le riunioni sul Piano Regolatore e sul turismo furono momentaneamente annullate). Semplicemente ogni candidato aveva una zona del paese da contattare a tappeto, entrare in ogni casa, parlare, convincere, dire le cose che ognuno vuol sentirsi dire. La discussione era: e se un candidato avesse tentato di invadere la zona dell'altro? Si giurarono con serietà una certa correttezza, ma erano ammesse deroghe, come i parenti, gli amici stretti, amanti e compari.

Ma in linea di principio i 19 candidati (ne mancava pure uno, per completare la loro lista) erano convinti che quello fosse un buon sistema. Rocco Episcopio non era molto entusiasta, ma accettava la disciplina del partito, partecipava ai comizi del suo capolista, a volte teneva in mano il megafono quando il comizio era colto al volo, fermandosi dove trovavano un po' di gente. Fu una dura campagna elettorale, fra dibattiti dei candidati sindaco, giornali che pubblicavano in continuazione i nomi dei 233 e comizi di senatori, onorevoli, presidenti e buttafuori.

Addolorata si disinteressò della candidatura del marito perché capì che questo voleva Rocco: il marito non avrebbe voluto dividere vittoria e sconfitta con nessuno. Non chiese il voto alle vicine, alle parenti e alle amiche, neanche alla parrucchiera. Era un atteggiamento sostenuto che le faceva onore e che in cuor suo sperava sarebbe stato apprezzato. Anche Rocco aveva un tono da politico esperto, di quelli che si contendono cose importanti, che non scendono nel pettegolezzo quotidiano sui movimenti dei singoli candidati o sugli accordi sotterranei. Nella piazzetta del Municipio ascoltava le tante previsioni e sinceramente non era in grado di farne una. Né gli interessava molto che vincesse la destra o la sinistra: quella sembrava una guerra fra potenti, qui era importante avere un posto in Consiglio Comunale. Benché il posto di lavoro non fosse in discussione e neanche il rapporto con sua moglie, a volte s'infervorava, come quando un conoscente gli disse in piazza che avrebbe votato per uno della sinistra perché era suo compare. Era una campagna elettorale basata sulle visibilità e nessuno riusciva ad essere politicamente e personalmente tanto visibile da sentirsi sicuro, neanche i vecchi amministratori.

Il giorno delle elezioni vide una moltitudine di candidati e loro parenti vagare con facce sconvolte fra un seggio e l'altro: Rocco Episcopio, in linea con *il profilo scelto durante la campagna elettorale, rimase vicino al bar Dell'Abate a fare commenti e ad ascoltare previsioni. Questo atteggiamento distaccato sorprese anche lui, mentre vedeva i suoi amici di partito scorrazzare fra un campanello e l'altro, con il telefono all'orecchio, e cominciava a credere nella vittoria della serietà; sarebbe stato bello vincere senza chiedere niente a nessuno, neanche ai figli, che da alcuni accenni, a tavola, avevano dimostrato di avere amici in altre liste. Lo spoglio delle schede delle elezioni del 13 maggio 2001 avvenne in modo convulso fra comitati elettorali aperti per tutta la notte, computer in tilt e i candidati non eletti che amavano credere solo ai dati ufficiali del Comune, che arrivavano sempre con enorme ritardo.*

Rocco Episcopio seduto allo scalino del bar, ora solo, ora in compagnia di qualcuno, attese tutti i dati ufficiali e poi, quasi all'alba verificò lo stato delle cose.

Cominciò dal candidato sindaco: aveva vinto quello di centro-sinistra. La sua lista: aveva preso il quattro per cento dei voti. Poi cercò il suo nome e lo trovò, Rocco Episcopio: le caselline di ogni seggio erano vuote tranne una con due voti.

Con la compostezza che l'aveva sostenuto in tutta la campagna elettorale, andò via in silenzio fra curiosi, commentatori e candidati. Nessuno gli chiese come era andata o una sua valutazione. Uscì dal portone del Municipio, respirò a bocca aperta, controllò che i bar fossero ancora chiusi e andò a letto.

Il gesso

Me lo vidi arrivare che trascinava una gamba dentro una tuta blu troppo grande e troppo nuova per essere sua. Mi guardò da lontano con uno sguardo languido che tralasciava presagire discorsi tipo: come mai capitano tutte a me? Hai visto che sono davvero sfortunato?

Luigi De Sciurtis aveva proprio una brutta faccia, una cosa compassionevole, un andamento caritatevole, un pianto incombente.

- Che è successo? - feci io, preso da compassione.

- E che deve succedere? Chi insegue il cane rabbioso? - e intanto muoveva gli ultimi passi ancora più lentamente, accentuando qualsiasi sofferenza della faccia e del tronco.

- Ti sei fatto male?

- Come al solito stavo dalla mamma, perché come tu sai solo io le dò l'assistenza a tutte le ore

del giorno e della notte (e vedi tutti mi dicono che
ho preso pure io il telefonino, ma ce l'ho solo per
rispondere a mia madre se mi chiama con urgenza
per qualsiasi motivo e così io posso pure uscire, fare la spesa o andare da mia moglie che poveretta
mi aspetta sempre a casa e comunque ho perso due
giornate per insegnarle il mio numero di telefonino
e come lo poteva fare anche se si sentiva male) e
quindi dicevo ero seduto vicino al televisore con
mia madre, lei ha tentato di alzarsi da sola che anche se le ho detto che non lo deve fare mai da sola, lei vuole dimostrarmi che sta bene e che può
fare qualche movimento da sola e io una volta le
ho pure detto che se i vicini la vedono camminare
da sola c'è il pericolo che non ci danno la pensione
di accompagnamento e allora tante volte le ho detto di chiamarmi quando si vuole alzare e questa
volta non mi ha chiamato pure che stavo ad un metro di distanza ed è successo così che l'ho vista bar-
collare (che poi io penso che tutto dipende dal dot-

tore che gli dato delle pastiglie troppo forti e io subito l'ho detto al dottore "non è che sono troppo forti queste pastiglie per la mamma?" e il dottore mi ha detto: "se sono troppo forti mi fai sapere gli effetti" ed ecco gli effetti che mia madre barcolla, ha le vertigini, ha spesso il mal di testa e si sente pure un dolore allo stomaco) e insomma per fortuna che mi sono accorto appena in tempo che mia madre stava cadendo sul termosifone con la testa e io con uno scatto, che mi sono fatto male pure alla spalla, mi sono buttato al volo e l'ho presa prima che toccasse a terra, poi siamo caduti tutti e due e io ho sbattuto con il ginocchio, ma meglio il mio ginocchio che la testa della mamma.

- Giusto, ma spero niente di rotto - lo interruppi per un secondo, mentre altri suoi amici si avvicinarono, silenziosi. Lui li snobbò alquanto, non cominciando il racconto daccapo, parlando solo con me, ma in modo che gli altri capissero l'importanza di un gesto così eroico, quasi unico nel suo genere *e nella sua complessità.*

- Mi hanno portato subito all'ospedale (ma io prima ho voluto verificare che la mamma non si fosse fatto niente), e mi hanno fatte due lastre e poi mi hanno portato seduto in carrozzella al quinto piano e sono stato visitato dal primario. Al dottore che mo' non mi ricordo il nome, ma è il primario che è un forestiero che era venuto a vedere pure un appartamento in affitto al nostro condominio, quello dell'avvocato che poi gli ha chiesto molto e lui non l'ha voluto più e io subito appena l'ho visto gli ho ricordato dove abito che sto un piano sotto al dottore Brina, quello di ginecologia e lui si è ricordato di me e per fortuna mi ha trattato con riguardo e mi ha fatto le visite tutte in giornata e poi quando sono finite le visite è venuto un infermiere e mi ha detto che mi dovevo gessare e che forse era meglio se lo facevano subito così il ginocchio guarisce prima.

- Auguri di pronta guarigione. Ora scusami ma

devo proprio andare.

Qualche giorno dopo lo vidi camminare verso il Municipio, con in mano il certificato medico. Avvicinò l'assessore e cominciò a parlargli:

- Vedi, assessore, questo certificato dice che devo stare ventuno giorni ingessato e poi ci dovrà essere la rieducazione, perché io sono ancora giovane e voglio che le ginocchia mi funzionino bene e sempre sono stato attento alle ginocchia e invece proprio adesso che mi doveva capitare? Che per salvare la mamma mi sono fatto male davvero e ora sono qui, io che non lavoro, mia moglie che non lavora, un mutuo della casa ancora da pagare e vorrei avere almeno una sovvenzione dal comune, ora che sto ingessato, leggi qui, leggi.

- Vedremo. Il tuo caso forse non rientra in quelli per i quali noi possiamo concedere dei contributi, perché ci dovrebbe pensare l'INPS, perché si tratta di infortunio ed insomma ti consiglio di parlarne con il funzionario ai servizi sociali che è esperto in queste cose. Fatti consigliare da lui.

- Eh sì, perché non solo non lavoro, ma in quanto disoccupato non ricevo niente, né ferie, né infortuni, né malattie e poi il comune dovrebbe preoccuparsi di quelli che come me sono ancora giovani e vogliono lavorare, perché se io lavorassi, fosse anche una cosa stupida, tutto sarebbe diverso. E comunque offrimi almeno una birra.

Si avviarono verso il bar e tutto sembrava chiaro.

Finché ebbe il gesso, ogni mattino, Luigi De Sciurtis andò verso il Municipio con quel foglietto rosa: nei primi giorni in mano e poi nella tasca del pantalone, da cacciare alla bisogna, ma sempre più trucido e illeggibile. Cercava di commuovere qualcuno che potesse dargli una mano a recuperare gli arretrati della pensione della mamma. I suoi occhi si riempivano quasi di lacrime, nel raccontare la caduta della mamma, le malattie della moglie e gli arretrati che non arrivano. Il massimo che otteneva era farsi offrire un amaro alle nove di mattina. Gli obiettivi della sua vita erano pochi e chiari, eppure non riusciva a raggiungerli, dov'era l'errore? Per lui nessun errore, solo sfortuna.

Dopo ventuno giorni si tolse il gesso e il suo ginocchio non mi sembrava così malandato e la sua andatura non si era modificata. Mi venne incontro sbraitando, mentre con il telecomando cercavo di aprire il cancello di casa, abbassai il finestrino automatico, l'aria condizionata perse ogni suo effetto e faceva solo rumore, il sole di mezzogiorno ci infastidiva, ma Luigi De Sciurtis aveva qualcosa di urgente da dire:

- Sono stato gessato e nessuno mi ha dato un contributo, nessuno si è occupato della pensione della mamma, l'assistenza l'ho dovuta fare sempre io. Mia moglie ha detto che se continuo a spendere soldi al bar mi caccia da casa, non ho soldi per giocare la schedina (giacché ne giochiamo una insieme?) e poi anche il condominio mi dà tante preoccupazioni: non funzionano le luci delle scale, l'ascensore fa rumori strani, in cantina ci sono i topi e non so cosa fare. Mi merito almeno un aperitivo? Dai scendi e offrimi un bell'aperitivo.

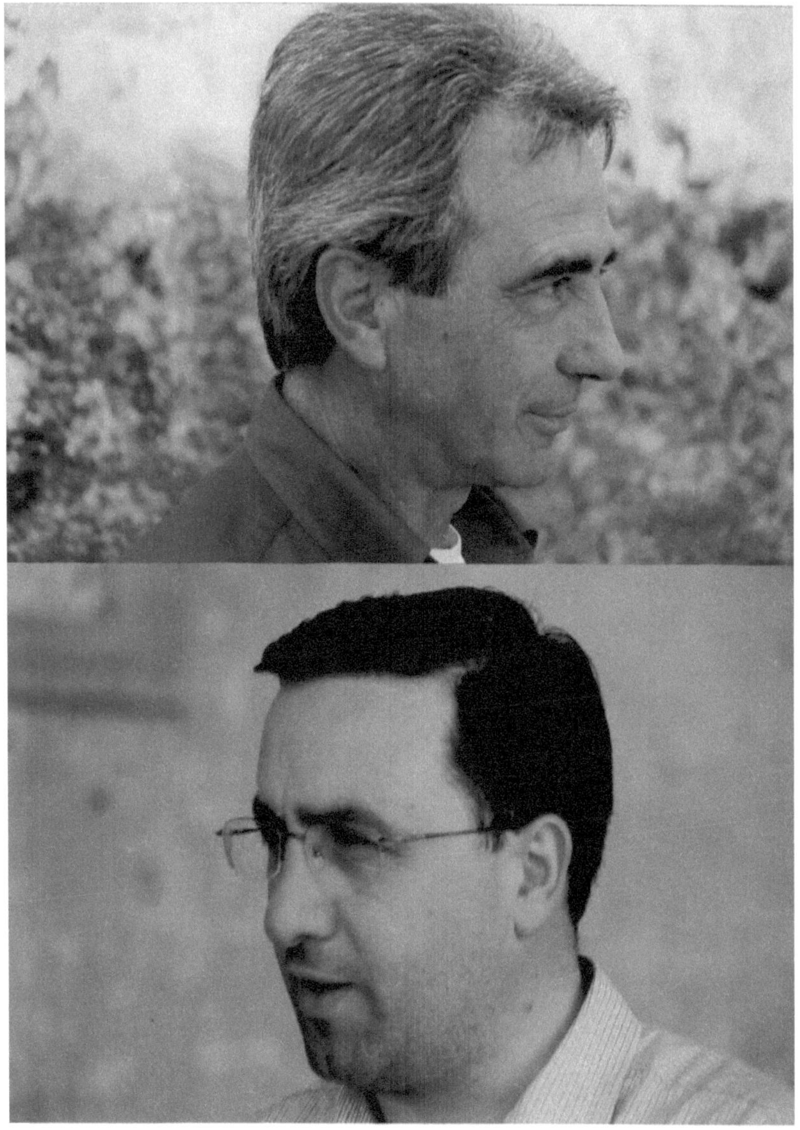

Impiegati

Gli impiegati sono soprattutto quelli comunali, ma anche quelli della cooperativa di parcheggiatori e pochi altri fortunati, che pur dipendenti da privati, hanno la fortuna di essere vicini al centro.

Sono loro, gli impiegati, a popolare per primi sotto l'orologio. Gente disponibile a lasciare tutto pur di prendere un caffè al centro, assentarsi dieci minuti dalla propria scrivania dà un effetto rigenerante.

Gli altri, poverini, invece di lavorare al centro del mondo, avranno preso un pullman per andare a Lecce, staranno rinchiusi dentro un ospedale, o dietro le manovie di un calzaturificio. Ma il centro è qui, lavorare lontano da qui è come essere un deportato, un forzato della sopravvivenza, dove non c'è spazio per i piaceri del sapere e del confronto. C'è chi non ha mai superato questo trauma e non potendo abbandonare il lavoro, ha un'unica alternativa: venire in piazza al pomeriggio e lasciarla il più tardi che può.

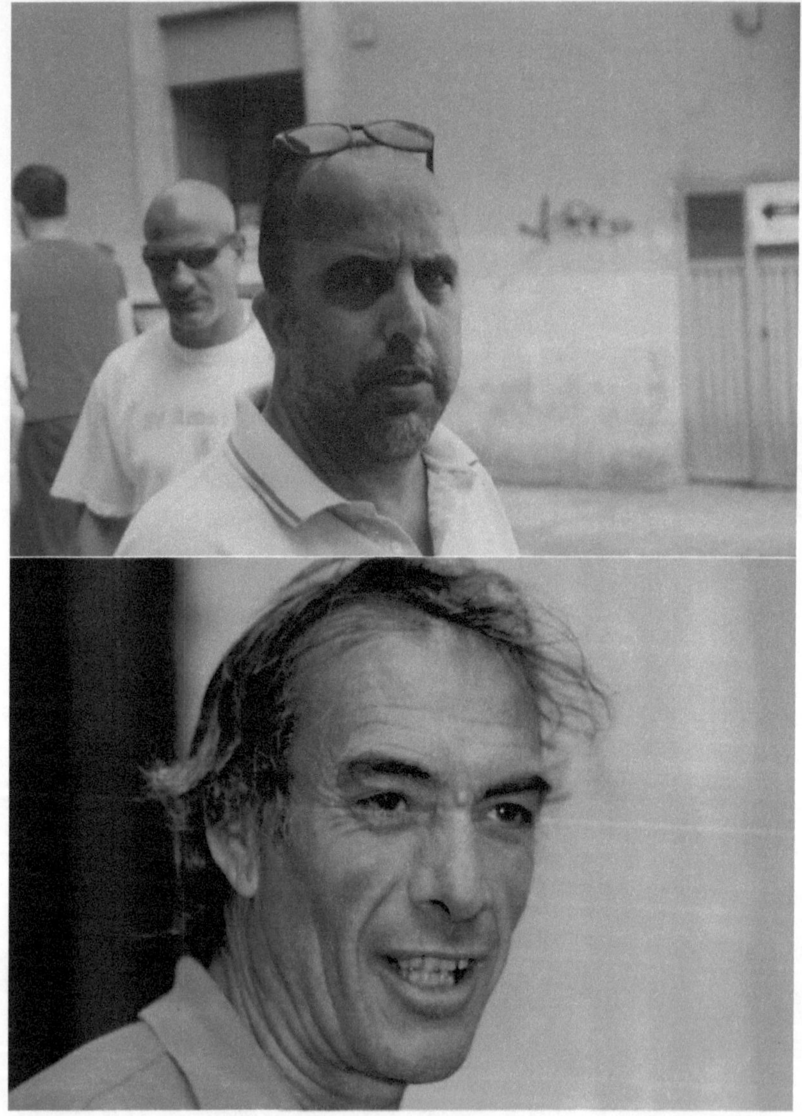

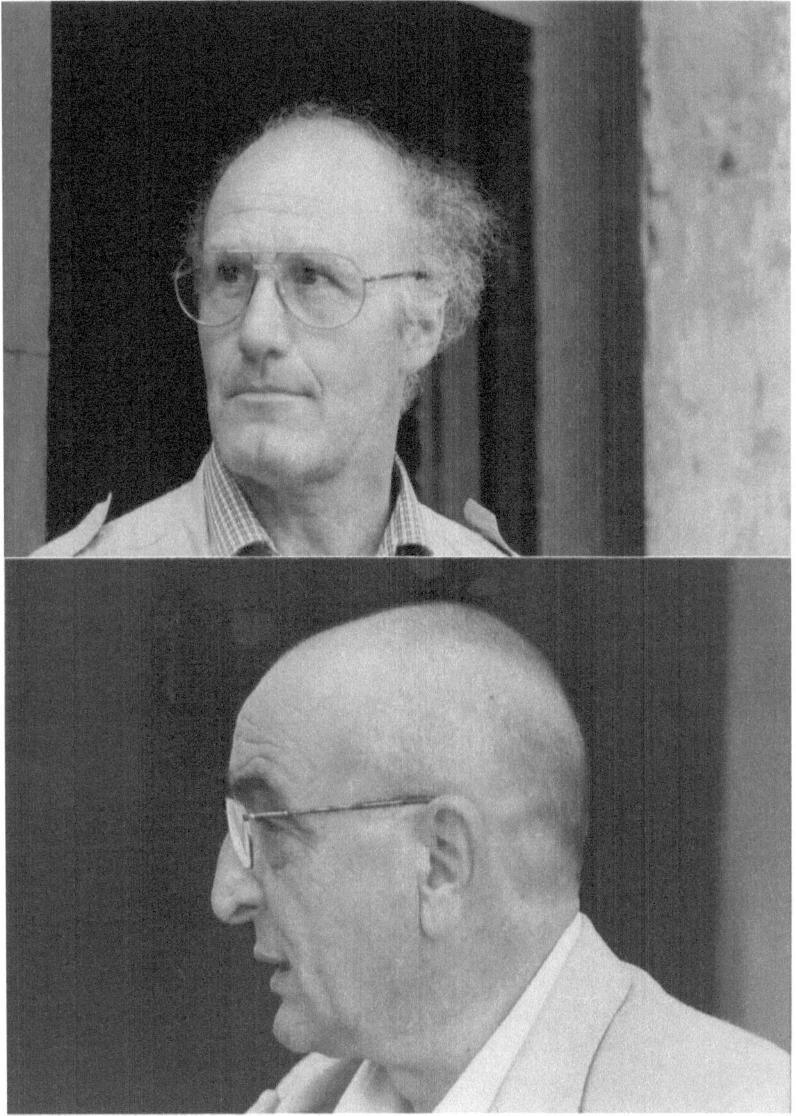

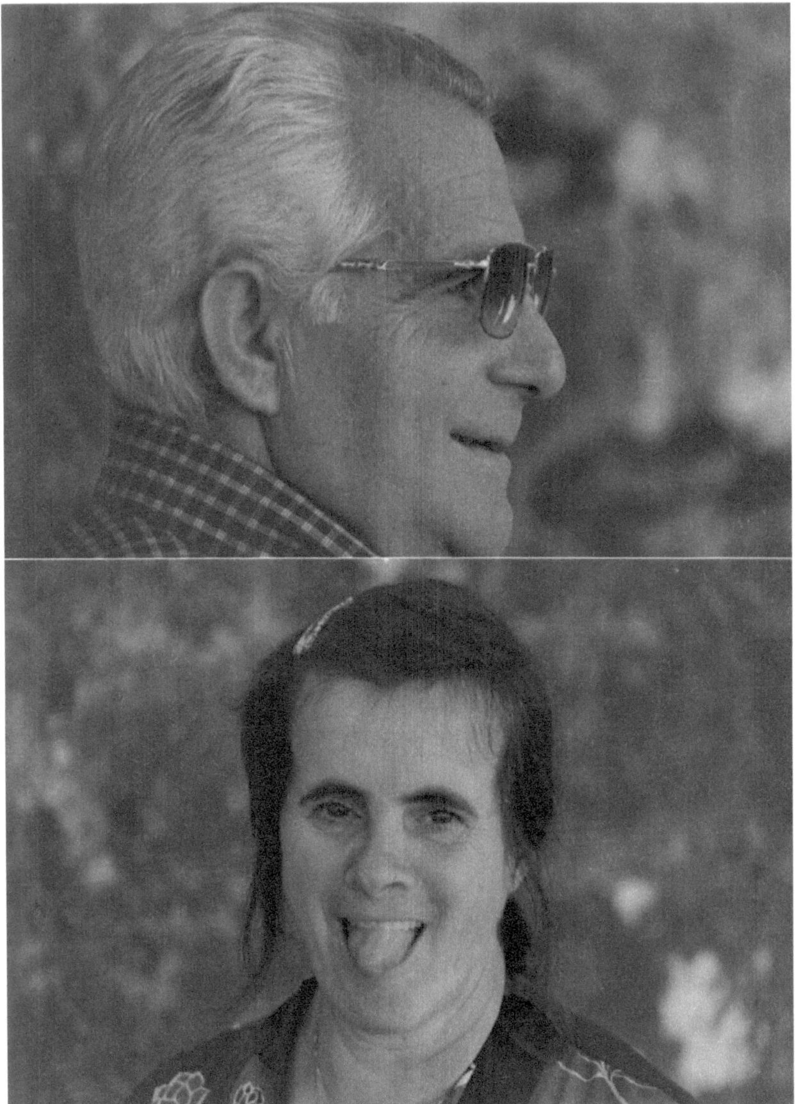

Pensionati

I pensionati a Tricase si dividono in due grandi categorie: quelli che hanno l'auto e quelli che non ce l'hanno. Fra questi ultimi, poi, c'è il pensionato col piccolo scooter e quello che cammina a piedi. Il pensionato con l'auto è l'ex dipendente statale e parastatale, ancora giovanile, a volte baby, alla ricerca di riciclarsi, magari come consigliere comunale. Oppure è alla ricerca di un lavoro che gli dia soddisfazioni senza sforzo, e senza dare troppo a vedere. Qualcuno di questi giovani pensionati lavorerebbe pure, ma ha bestemmiato troppe volte con i colleghi: come giustificare un nuovo lavoro? Quest'idea li perseguita e li fa un po' più cattivi di quel che sono davvero.

I contadini si muovono ancora con il piccolo scooter e benché prendano la pensione continuano a lavoricchiare, senza alcun costrutto per l'economia, ma per il gusto di cucinarsi le proprie cicorie.

Sono informati e, spesso saccenti, sono quasi tutti iscritti a qualche confraternita e sono puntuali alle processioni.

I pensionati vecchi, quelli che possiamo davvero definire vecchi, sono seduti alla panchina, parlano poco, commentano con precisione il tempo. Quando ricordano un avvenimento, qualsiasi sia, anche una cresima, di quaranta o cinquanta anni prima, iniziano una discussione basata sui particolari e sull'esattezza del periodo che li tiene impegnati per ore. La pensione è la loro ossessione e dividono l'umanità fra chi è al minimo e chi ha vinto.

opinioni
FEBBRE da
ELEZIONI

Il circolo dei contadini

Se stai sotto l'orologio, puoi prendere, con appena quindici passi, una stradina che si chiama via Santo Spirito.

Subito all'angolo trovi il Circolo dei Carabinieri in pensione, dove si gioca solo a carte. Proseguendo ancora un centinaio di metri, all'imbocco di via Vito Raeli, c'è invece il Circolo dei Contadini. All'esterno c'è un bel cartello con il divieto d'ingresso per i non soci. Essere socio del circolo è molto conveniente, costa pochi soldi l'anno. Benché esista da molto tempo non ci sono mai entrato. L'altra sera stavo quasi per farlo, mi sono affacciato sull'uscio, ho dato una sbirciatina e sono andato via. Non posso entrare, è una moschea, ci deve entrare solo se appartieni a quella religione. E' una moschea in un paese occidentale: isolata in mezzo a tante chiese cattoliche. E' questa la sensazione che fuoriesce dal Circolo dei Contadini. Ed in ogni caso il mio ingresso o di un qualsiasi altro non credente, creerebbe un tale disturbo da interferire con il normale svolgimento delle operazioni. Sopravvive in mezzo a mille bar, pub, pizze e hamburger. C'è un odore di vino che potrebbe sembrare sconveniente. Non c'è arredamento ma sedie e tavoli, l'ingresso è quello di un cortile con un infisso in alluminio color oro e la base dipinta di azzurro. È aperto fin dal mattino e si beve solo vino, sulla cui qualità e prezzo si discute ogni giorno. Gli iscritti vanno decrescendo, e attualmente la maggioranza è rappresentata dagli "zingari", i figli o i nipoti di quegli ultimi nomadi rumeni che durante la seconda guerra mondiale arrivarono a Tricase e ci rimasero raccogliendo ferro e pezze vecchie. Tutti operai non organizzati, quasi mai in regola con nessuna delle regole attuali. Loro bevono vino e mangiano polpette fritte, insieme ad altri non in regola, quelli che da giovani non hanno pensato che sarebbero diventati vecchi. Si riconoscerebbero anche solo dalla pancia gonfia, non bastasse la faccia. E stanno bene solo in un locale che non potrebbe esistere, né per le regole sanitarie, né per un corretto conto economico.

Di agricoltura si parla poco perché c'è poca agricoltura, forse è il caso di aprire una sottoscrizione mondiale per non disturbare il Circolo dei Contadini.

I nostri amici

Nelle grandi città sono barboni, homeless o disperati. Sotto l'orologio sono nostri amici, persone con le quali è possibile scambiare qualche parola, offrirgli un caffè di tanto in tanto. Persone senza aggettivi, dalle quali c'è da imparare, non fosse altro per ricordarci che la nostra mente può scegliere di essere consapevole, problematica, frenata dalla razionalità o semplice, lineare, più animalesca. Nello stare insieme, sulla stessa piazza, non partecipano alle discussioni ma sono lì pronti alla solita battuta, pronti ad essere presi in giro. Meglio quello che essere totalmente ignorati, stravaccati a terra, a chiedere l'elemosina ad ignari passanti che non riescono a dire neanche buonasera. Con le stesse frasi ripetute infinitamente, sono seduti come tutti gli altri, in piedi come tutti gli altri, aspettano la festa del patrono e la partita di calcio, osservano con attenzione il calendario dell'attrice più sexy dell'anno e riconoscono i forestieri.

Se una mattina...

Se una mattina dovessi morire (cosa lontana e comunque improbabile) sull'unico tabellone di via S. Demetrio ci sarà il solito manifesto bianco e nero. E una sola certezza: "è venuto a mancare all'affetto dei suoi cari ALFREDO DE GIUSEPPE".

Da quel preciso momento in cui ci sarà quel fatidico manifesto smetterò di essere io, proprio io, con tutti i difetti che mi sono portato appresso per una vita e diventerò semplicemente "il morto". Non si parlerà di me, né bene né male, si affronteranno con i dovuti approfondimenti le circostanze in cui è sopravvenuto il sonno eterno. Se la triste circostanza dovesse essere violenta, tipo incidente stradale, si parlerà a lungo, sotto l'orologio, sui modi e sui perché, ricercando il facile colpevole (che c'è sempre).

Se morirò di vecchiaia (ma si muore ancora di vecchiaia?) all'ospedale Cardinale Giovanni Panico, si parlerà dell'orario del funerale, se "il morto" è già in casa - ma in quale casa? - per dare le condoglianze. Notizie seguite o intercalate dai problemi quotidiani di ognuno, perché c'è sempre una visita specialistica o una scrittura notarile quando qualcuno muore. E poi, problema dei problemi, fare le condoglianze: andare a casa subito e togliersi il pensiero, oppure "dare la mano" all'uscita della Chiesa (e se poi c'è molta gente bisogna andare al Cimitero?). È un serio oggetto di conversazione.

È estremamente difficile che qualcuno, sotto l'orologio, si emozioni davvero per la morte di un altro. È questo il modello di vita selezionatesi nel tempo per poter sopravvivere con leggerezza, per approfondire le notizie senza coinvolgersi. E poi anche per me, da semplice morto, sarà una consolazione sapere che tutto è sotto controllo, emozioni comprese.

Se dovessi morire a Tricase (cosa lontana e comunque dubbia) è tremendo pensare a quel cimitero che voleva essere artistico o monumentale e invece è brutto e tetro come una tomba. E fare testamenti troppo originali, come cremarsi e spargere le ceneri nel Canale del Rio, è una strada troppo tortuosa e snob che darebbe solo dei problemi organizzativi a chi deve pensarci. Ma questo tipo di commento sotto l'orologio non si ascolterà. Al massimo ci sarà l'impiegato del cimitero, che, alle otto di mattina, darà macabri particolari sulla mia dipartita. E qualcuno con un senso di pietà misto all'odore di caffè penserà che non è cosa che lo riguardi.

1935

Un mercoledì 15 maggio del 1935, era un maggio solare, successe la rivolta di Tricase, proprio sotto l'orologio. Era il 13° anno dell'era fascista. Sul muro del convento dei domenicani imperava la scritta "Noi tireremo dritto". Il Consorzio Agrario era l'unica fonte di lavoro organizzata: finalmente le donne potevano aiutare l'uomo anche economicamente. Erano 400 le tabacchine chiamate per molti mesi alla prima lavorazione di questa coltivazione importata a Tricase da Salonicco. Il Ministero delle Corporazioni emanò un decreto - era il 30 aprile - con il quale intendeva raggruppare in unico consorzio, con sede in Lecce, molte delle cooperative della provincia. Il 14 maggio si sparse la notizia. Allora c'era anche una sede dei combattenti, sotto l'orologio. E in quella sede fu scritta immediatamente una lettera al Duce che chiedeva di rivedere il provvedimento. Nonostante il pode-

stà Edgardo Aymone non fosse responsabile di tale provvedimento, divenne ben presto bersaglio di tutte le illazioni e di tutte le cattiverie della piazza. Del resto, con chi prendersela? Il podestà, benché persona onesta, non era amato, non voleva parlare con i contadini, non considerava le esigenze delle frazioni e salutava tutti con una certa difficoltà. Le donne andarono a lavorare, la mattina del 15 maggio. Ma non avevano voglia di lavorare: sembrava proprio che qualcuno avesse deciso di togliergli quella misera paga. Questo pensavano le donne. Gli uomini si incontrarono sotto l'orologio e per quanto parlassero si convincevano sempre di più che era in atto una congiura contro Tricase. Negli ultimi due anni avevano spostato da Tricase a Lecce il Deposito e le Officine della Ferrovia e tanti altri piccoli uffici. Nelle ore pomeridiane il podestà fece con urgenza affiggere un manifesto, con il quale cercava di spiegare che il commissariamento del Consiglio d'Amministrazione del Consorzio non toccava la produzione e che tutto sarebbe rimasto come prima. Ma nessuno ormai credeva al podestà, che si era rinchiuso nel Municipio e cercava di parlare sul da farsi con il pretore, il comandante del Fascio, carabinieri e finanzieri. Erano ormai le sette, cominciava il tramonto. Circa duemila persone si accalcavano sotto la porta del Municipio. La folla coprì la voce del podestà che, affacciatosi alla finestra, tardivamente cercò di spiegare il senso del provvedimento. Qualcuno, tra la folla urlante, fece esplodere delle bombe-carta, preparate per la festa di san Vito, qualcuno con delle cartacce tentò di bruciare il portone d'ingresso. Avvenne tutto all'improvviso e senza che nessuno abbia mai davvero capito l'esatta dinamica degli episodi. I carabinieri spararono sulla folla senza alcun colpo di preavviso. Spararono cinquanta colpi, a brevi intervalli per non finire le munizioni. La folla si disperse e si contarono le vittime: cinque morti e ventidue feriti. Morì Cosima Panico, che aveva 43 anni e non c'entrava niente con la manifestazione perché colpita casualmente mentre tornava dalla campagna. Morì Pietro Panarese di 15 anni che era lì a vedere cosa stava succedendo in questo paese sempre tranquillo. E poi morirono altre due donne, Donata Scolozzi di 56 anni e Maria Assunta Nesca di 44 anni, tabacchine che erano lì a gridare "abbasso il Podestà, viva il Duce, viva il Re". E morì anche Pompeo Rizzo, un contadino di 37 anni. Furono inoltre arrestate settantaquattro persone, in un clima di caccia alle streghe (e con fratricide denunce anonime) che durò qualche mese. Gente che non era neanche andata, sotto l'orologio, si fece undici mesi di carcere duro. Un carabiniere (tal Cuna Francesco) arrivato a Tricase da tre giorni, riconobbe come colpevoli quindici persone, poi assolte perché completamente innocenti. Cinquantadue furono processati e, nonostante l'epoca, quasi tutti assolti, altri condannati a pene miti per adunata sediziosa e oltraggio. Per resistenza a pubbli

co ufficiale furono ritenuti colpevoli solo tre impu-
tati, condannati a otto mesi di carcere.

Oggi di tutto questo, fra un'enormità di cavi
dell'elettricità e del telefono, rimane una sola lapide, affissa proprio sotto l'orologio, appena finita
la seconda guerra mondiale. Quegli eroi per caso
incarnano un certo modo di essere tricasino, a cui
forse la casualità di quelle morti, le laceranti con-
seguenze giudiziarie hanno sempre fatto paura e
poca rabbia. I fatti di quel giorno vengono annove-
rati fra le storie minori delle lotte contadine del
novecento, nessuno se ne cura più. E come sempre
in questi casi, una lapide mette una insulsa parola
fine.

*Notizie da "La rivolta di Tricase" ediz. "Salento Domani" 1981 di Salva-
tore Coppola, con splendida appendice di Gennaro Ingletti*

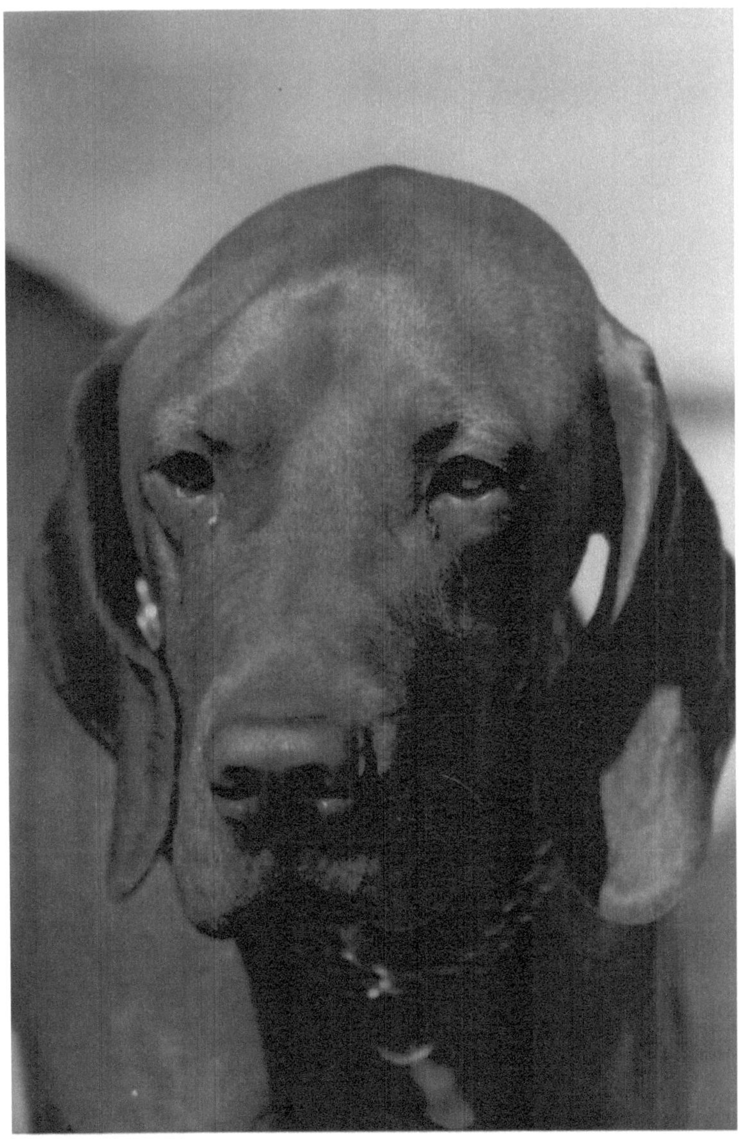

INDICE

I Edizione:
Finito di stampare nel mese di ottobre 2001
presso la tipografia IMAGO Pubblicità srl
Lucugnano di Tricase (Le) - Tel. 0833.784262

Impaginato per la II Edizione
Nel novembre 2020 da Giancarlo De Giuseppe
in occasione della nuova disponibilità su Amazon